Méthode de Piano Hal Leonard

Leçons de Piano

Volume 4

AF623095

Auteurs
Barbara Kreader, Fred Kern, Phillip Keveren

Traduction
Sylvie Fritsch

Illustrations
Fred Bell

PRÉFACE

Au fur et à mesure de sa progression dans les trois premiers volumes, l'élève a sans doute remarqué que jouer du piano était vraiment fantastique. À présent, il a de bonnes connaissances du mode de fonctionnement de la musique. La lecture des notes, les tonalités, etc., toutes les bases indispensables sont acquises. De plus, il sait improviser ! Le quatrième volume lui offre la possibilité d'approfondir ses connaissances de la théorie de la musique et il verra que tout en s'amusant il peut encore améliorer son jeu. Pour acquérir avec facilité les nouveaux gestes techniques présentés, un grand nombre d'exercices originaux et de chansons amusantes sont proposés.

Évidemment on n'a pas toujours un professeur à ses côtés. L'accompagnement sur compact disc que l'on peut se procurer séparément rend le travail à la maison plus agréable. La pratique quotidienne devient plus motivante et les morceaux sonnent mieux encore.

Le recueil de **Leçons de Piano, Vol. 4** peut être accompagné du recueil de **Solos pour Piano, Vol. 4** où l'élève trouve encore plus de chansons agréables à jouer et à écouter. Pour accompagner ces solos, il existe également un compact disc vendu séparément.

S'exercer devient un vrai plaisir !

Référence : 0583-00-401 DHE

ISBN 978-90-431-1097-6
NUR 472

de haske®

Exclusively Distributed By
HAL•LEONARD®
7777 W. Bluemound Rd. P.O. Box 13819 Milwaukee, WI 53213

Tous droits réservés pour tous pays. Aucune partie de ce livre ne peut être reproduite sous aucune forme : imprimée, photocopiée, microfilmée ou par tout autre moyen sans l'autorisation de l'éditeur.

Imprimé aux Pays-Bas.

RÉCAPITULATIF DU RECUEIL *DE LEÇONS DE PIANO, VOL. 3*

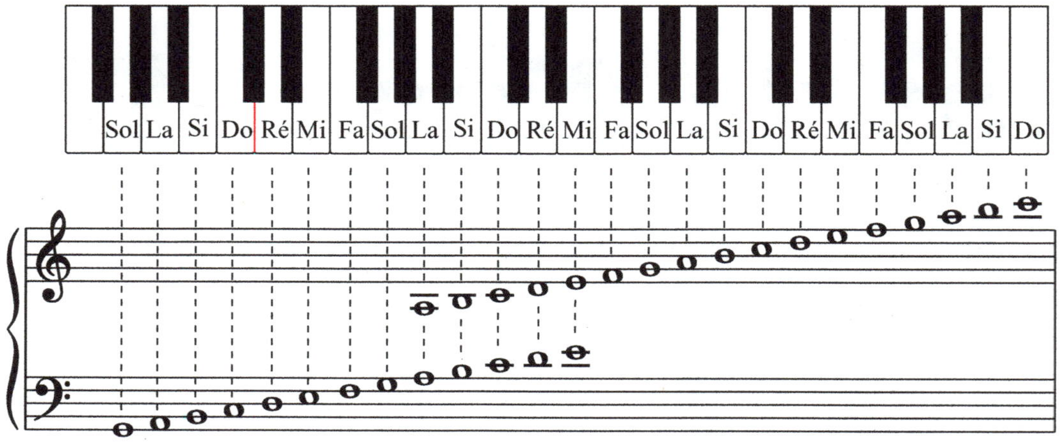

LA VALEUR DES NOTES

Deux croches
valent une noire

La valeur d'une **noire pointée suivie d'une croche** est égale à celle de deux noires

On appelle **INTERVALLE** la distance qui sépare deux notes.

Intervalle de Sixte 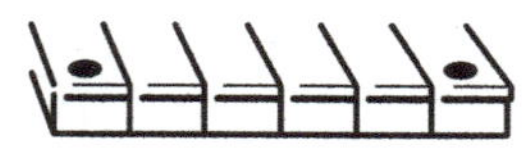

Le **demi-ton** est la distance qui sépare deux touches qui sont à côté l'une de l'autre.

Le **ton** est la distance entre deux touches séparées par une touche intermédiaire.

LES PENTACORDES (schémas de cinq notes)

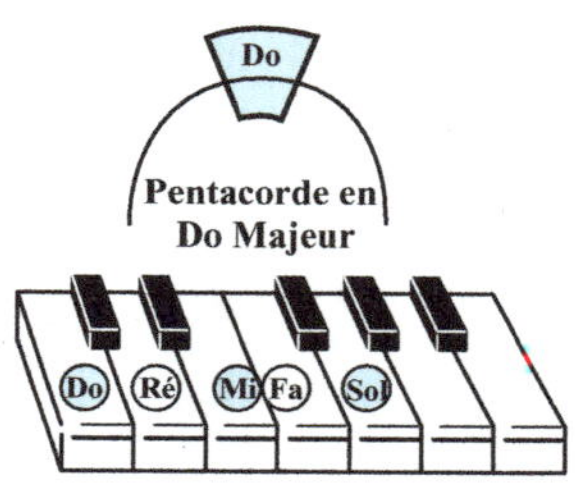

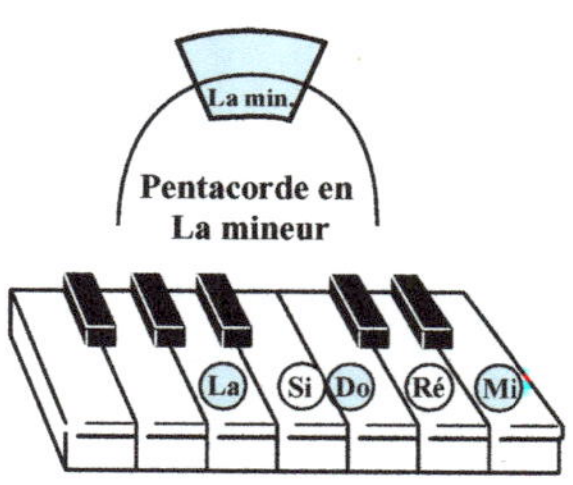

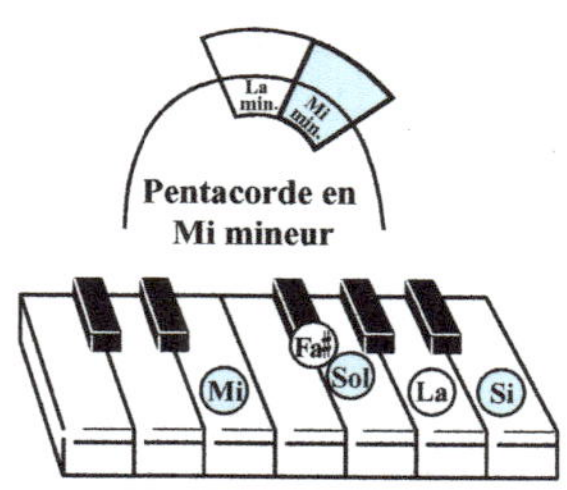

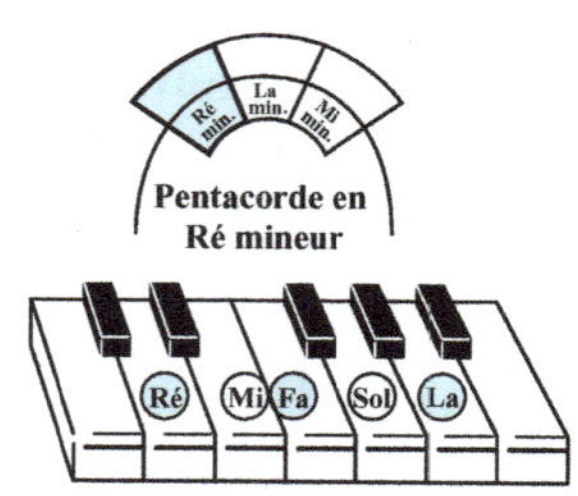

TERMES MUSICAUX

La mesure à $\frac{2}{4}$	il y a deux temps par mesure la noire est l'unité de temps
loco	indique qu'il faut jouer les notes à leur hauteur réelle
a tempo	indique le retour au tempo
D.S. (Dal Segno) al Fine	il faut revenir au 𝄋 (*Segno*) et poursuivre jusqu'au mot Fin (*Fine*)
D.C. (Da Capo) al Coda	il faut reprendre du début et jouer jusqu'au premier signe 𝄌 puis aller au deuxième signe 𝄌 et jouer jusqu'à la fin du morceau
15ma	jouer deux octaves plus haut

SOMMAIRE

CHAPITRE 1 LES PENTACORDES RELATIFS

*✓

LES TONALITÉS DE DO MAJEUR & LA MINEUR

CHAPITRE 2 DÉCOUVRIR LES GAMMES

CHAPITRE 3 LES ACCORDS PRIMAIRES DE TROIS SONS

LES TONALITÉS DE SOL MAJEUR & MI MINEUR

CHAPITRE 4 DÉCOUVRIR LES GAMMES

CHAPITRE 5 LES ACCORDS PRIMAIRES DE TROIS SONS

** Pour suivre sa progression, l'élève peut cocher les morceaux déjà joués.*

CHAPITRE 1

LES PENTACORDES RELATIFS

Tout pentacorde Majeur possède un pentacorde relatif mineur.

Pour trouver le pentacorde relatif mineur, il faut :

1. Jouer le pentacorde Majeur avec la M.G.
2. Placer le pouce de la M.D. un ton au-dessus de la note la plus aiguë du pentacorde Majeur.
3. Jouer le pentacorde mineur avec la M.D.

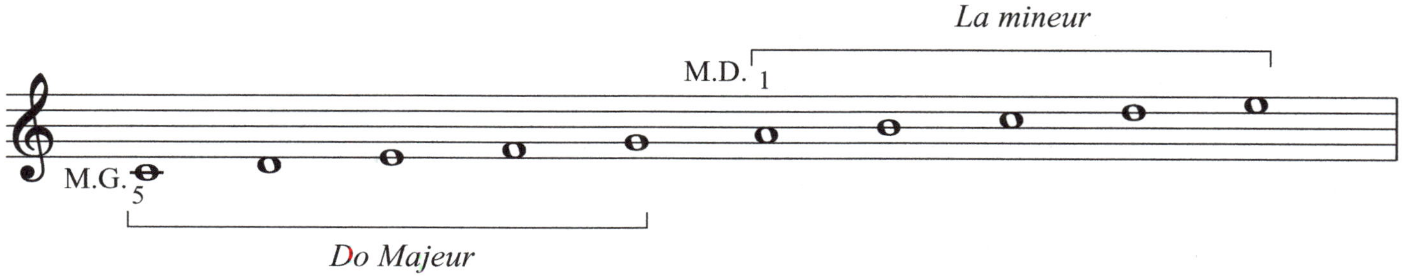

Ma chanson

Improvisation en Do Majeur & La mineur

Écoute l'accompagnement et improvise une mélodie en utilisant le **pentacorde en Do Majeur** (joué avec la M.G.) et son **relatif en La mineur** (joué avec la M.D.). Commence ton improvisation en Do Majeur. Ton professeur t'indiquera à quel moment tu dois utiliser le pentacorde en La mineur.

L'accompagnement est également disponible sur un compact disc que l'on peut se procurer séparément.

Accompagnement (l'élève improvise une octave plus haut qu'indiqué ci-dessus.)

Fluide (♩=120) 1

Danse rustique

Barbara Kreader

Le tapis volant

Mystérieusement (♩=135) 4/5

Phillip Keveren

Ma chanson

Improvisation en Sol Majeur & Mi mineur

Écoute l'accompagnement et improvise une mélodie en utilisant le **pentacorde en Sol Majeur** (joué avec la M.G.) et son **relatif en Mi mineur** (joué avec la M.D.). Commence ton improvisation en Sol Majeur. Ton professeur t'indiquera à quel moment tu dois utiliser le pentacorde en Mi mineur.

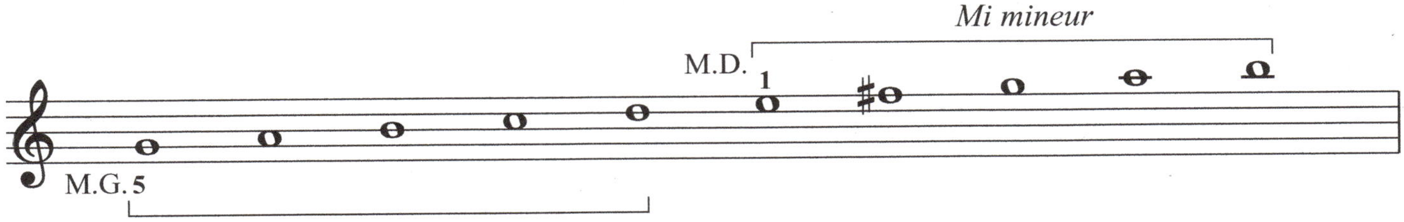

Accompagnement (l'élève improvise une octave plus haut qu'indiqué ci-dessus.) 6

Animé (♩♩ = ♩♪ en triolet) (♩=130)

LE DEMI-SOUPIR

Le **demi-soupir** vaut une croche.

LA SYNCOPE

La **syncope** est un son qui débute sur un temps faible et qui continue sur le temps fort qui suit, ou bien un son qui débute sur la partie faible d'un temps et qui se poursuit sur la partie forte du temps suivant.

Frappe le rythme avec les mains et compte les temps :

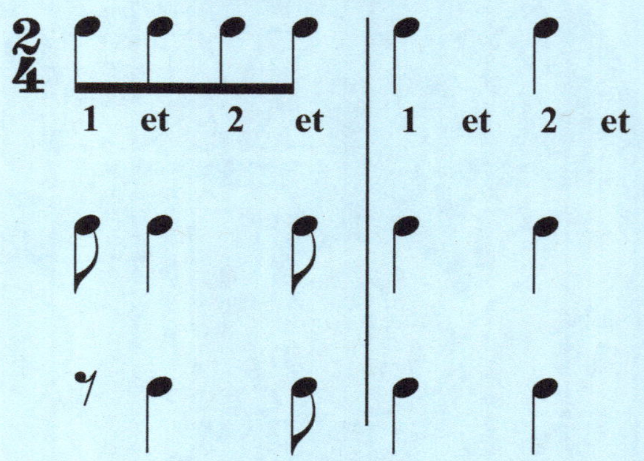

Monsieur Banjo

Mélodie créole
Arrangé par Phillip Keveren

Animé (♩=170)

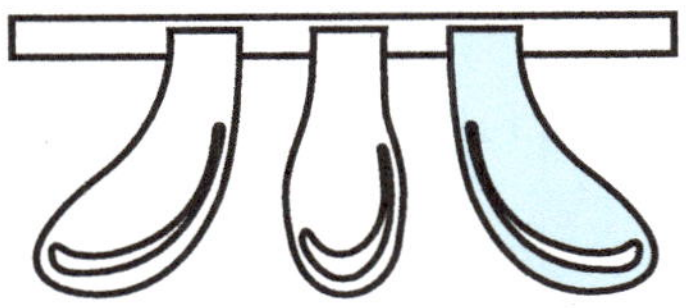

UTILISATION DE LA PÉDALE SYNCOPÉE

Lorsque tu enfonces la pédale forte, le son de la note jouée est prolongé même si tu n'appuies plus sur la touche du clavier. Pour produire un son continu (sans à-coups), il faut relâcher et enfoncer la pédale rapidement. Le talon doit toujours rester au sol.

Le changement de pédale se fait **immédiatement après** avoir joué une note. Si tu changes la pédale trop tard, les sons vont se mélanger. Si tu change la pédale trop tôt, cela provoque une rupture dans le son.

Les cloches sonnent

Énergique (♩=135) 9/10

Phillip Keveren

LA SEPTIÈME

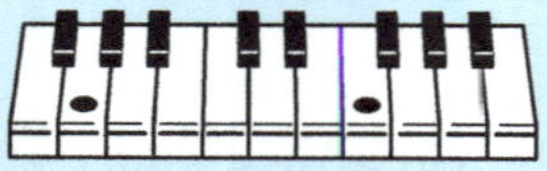

Si tu veux jouer un intervalle de septième sur le clavier, il te faudra :

- passer de la touche choisie à celle située six touches plus loin.
- passer du Do au Si (situé six notes plus loin), du Sol au Fa, etc.

Sur la portée, on obtient un intervalle de septième en sautant cinq notes. La septième se situe dans un interligne si l'on part d'un interligne et sur une ligne si l'on part d'une ligne.

Les rubans

Gracieux (♩=95) 11/12

Fred Kern

La deuxième fois, les deux mains jouent à l'octave supérieure

CHAPITRE 2

LES GAMMES MAJEURES

Chaque gamme Majeure est constituée de huit notes (qu'on appelle des degrés) disposées dans l'ordre tons/demi-tons suivant :

Degrés :

La gamme de Do Majeur

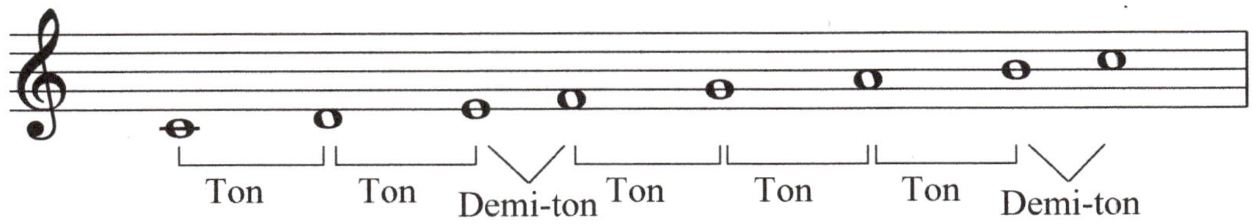

Exercice préparatoire

Avant de jouer une gamme, travaille le mouvement des pouces.
Laisse ton bras guider doucement les doigts vers le haut ou le bas du clavier.

*Allegretto

Katherine Glaser

Accompagnement (l'élève joue une octave plus haut.) 13/14

Allegretto (♩=120)

* L'*allegretto* est un mouvement rapide mais un peu moins vif que l'*allegro*.

Monter et descendre

La gamme de Do Majeur

*Moderato

Accompagnement (l'élève joue deux octaves plus haut.) 15/16

Moderato (♩=110)

* *Le* Moderato *est un mouvement modéré.*

L'ARMURE

Au début d'un morceau, immédiatement après la clé, se place **l'armure**, c'est-à-dire l'ensemble des altérations (dièses ou bémols) qui détermine la tonalité et qui indique quelles sont les notes altérées dans tout le morceau.

Frappe le rythme avec les mains et compte les temps :

Le calypso

Tonalité : Do Majeur
Armure : *ni dièses, ni bémols*

Joyeux (♩=140) 17/18

Phillip Keveren

LE CHIFFRAGE DE MESURE

= Il y a 3 temps par mesure
= La croche est l'unité de temps

Frappe le rythme et compte les temps :

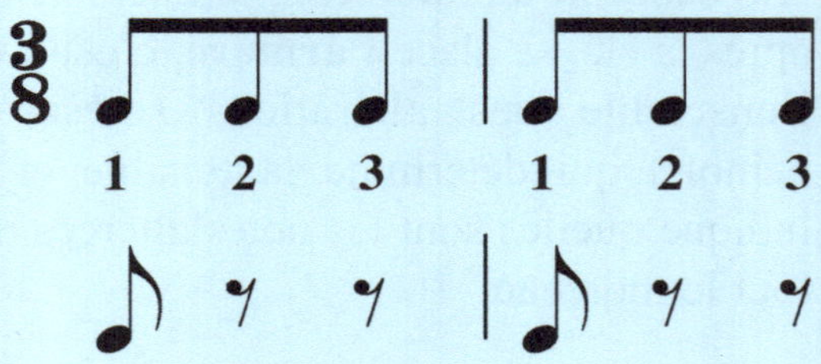

Gigue

Animé (♩. =86) 19/20

Mélodie irlandaise
Arrangé par Fred Kern

LE CHIFFRAGE DE MESURE

$\frac{6}{8}$ (6 / ♪) = Il y a 6 croches (= deux ♩.) par mesure
= La noire pointée est l'unité de temps

Frappe le rythme et compte les croches :

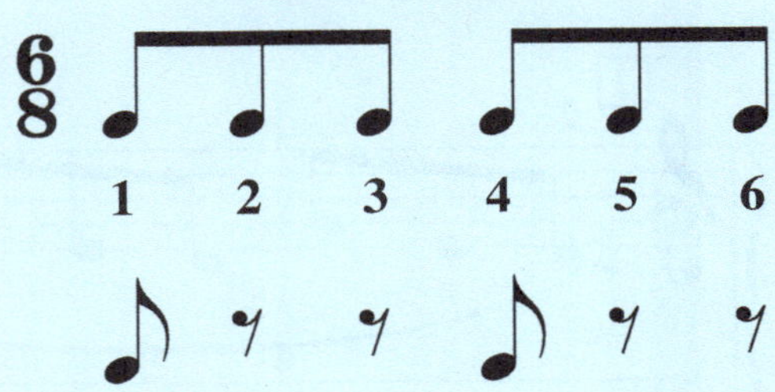

LES ALTÉRATIONS ACCIDENTELLES

On appelle **altérations accidentelles** les dièses (♯), bémols (♭) et bécarres (♮) que l'on rencontre dans un morceau et qui ne font pas partie de l'armure.

Frappe le rythme et compte les croches :

Deux-Quatre-Six-Huit

Jazzy (♩. =93) 21/22

Bill Boyd

2
4
6
8

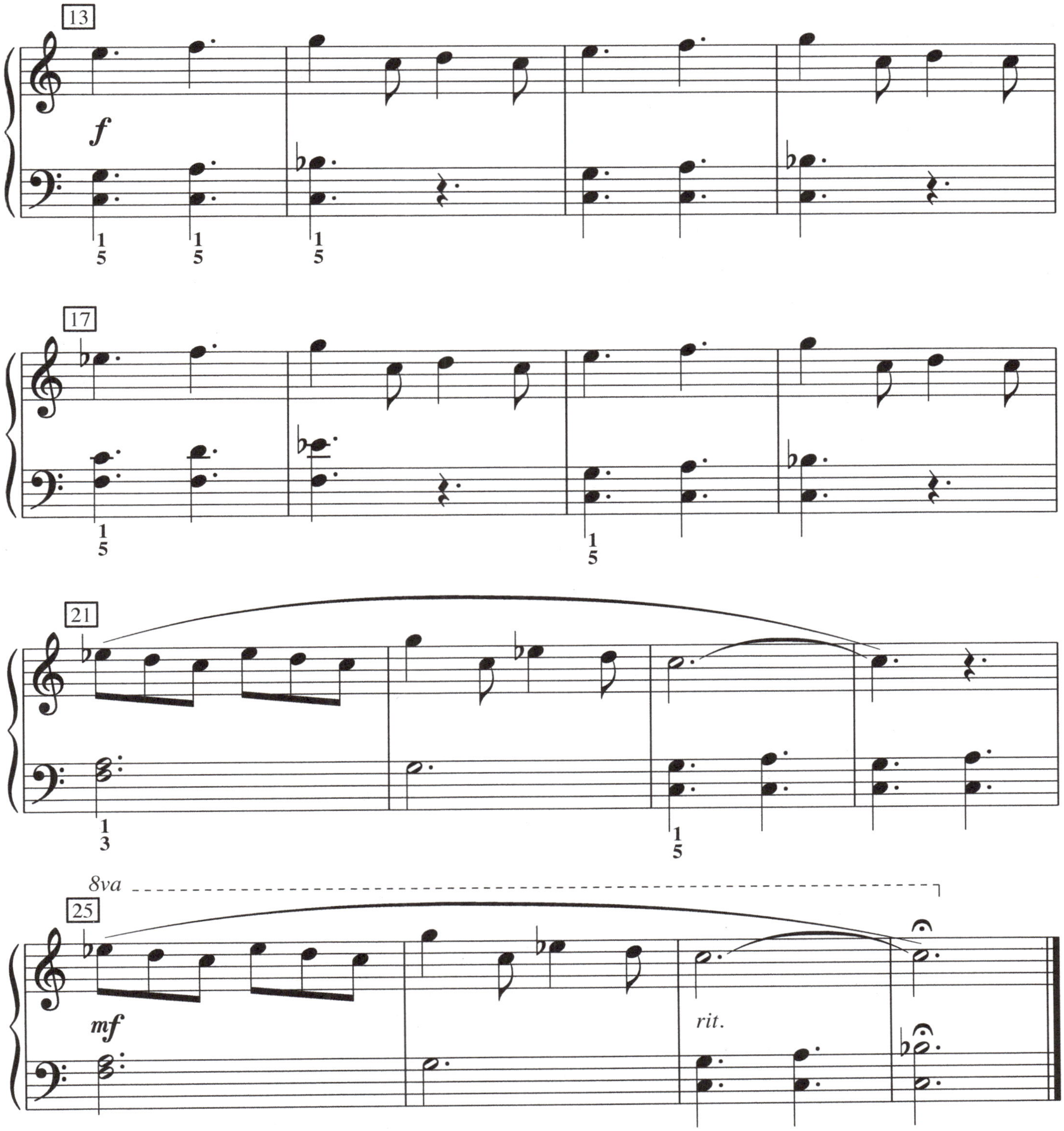
13
f
17
21
25
8va
mf
rit.

Les gammes relatives

Chaque gamme Majeure a une gamme relative en mineur. La gamme mineure relative débute sur le sixième degré de la gamme Majeure.

La note La est le sixième degré de la gamme de Do Majeur. La gamme de Do Majeur et la gamme de La mineur sont deux **gammes relatives.** Leurs **armures** sont identiques : *ni dièses, ni bémols.*

Gamme de Do Majeur

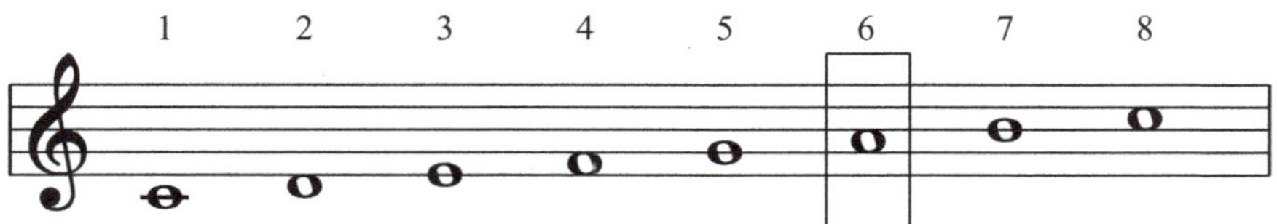

Gamme de La mineur

LES GAMMES MINEURES NATURELLES

Chaque **gamme mineure *naturelle*** est constituée de huit notes disposées dans l'ordre tons/demi-tons ci-contre :

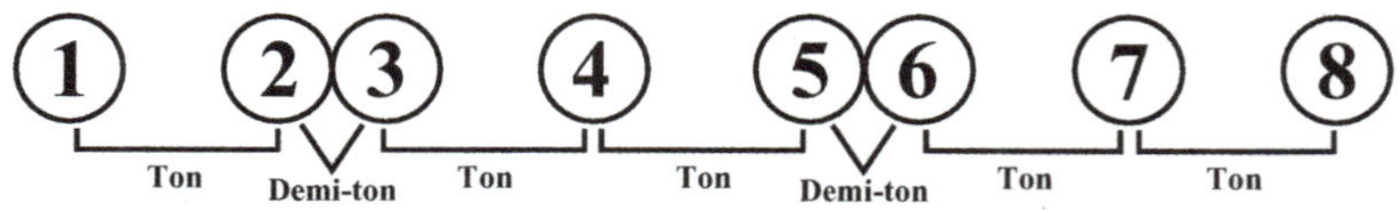

LES GAMMES MINEURES HARMONIQUES

En examinant la place des tons et des demi-tons de cette gamme mineure, on constate qu'à la différence de la gamme de La mineur naturel, l'intervalle entre les 6ème et 7ème degrés est d'un ton plus un demi-ton. Nous sommes en **La mineur harmonique**. Le dièse qui altère le Sol est une altération accidentelle.

Pour trouver rapidement la gamme relative mineure, il suffit de *descendre de trois demi-tons* en partant du premier degré de la gamme Majeure.

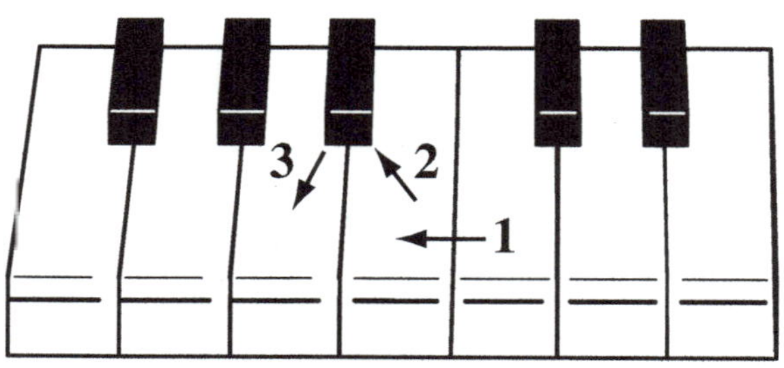

La note La est située trois demi-tons plus bas que la note Do.

Monter et descendre
La gamme de La mineur

Dans un premier temps, travaille la **gamme mineure naturelle** sans dièses.
À la reprise, joue la **gamme mineure harmonique** avec le 7ème degré haussé d'un demi-ton (Sol♯).

Accompagnement (l'élève joue deux octaves plus haut.) 23/24

Dans un premier temps, jouez le morceau sans dièses.
À la reprise, jouez le morceau avec le 7ème degré haussé d'un demi-ton (Sol♯).

Allegro

Tonalité : La mineur
Armure : ____________

Cornelius Gurlitt
(1820-1901)
Op. 82, No. 52

Allegro (♩=170) 25/26

*Étude

Tonalité : La mineur

Armure : _______________

Fluide (♩. =87) 27/28

Ludwig Schytte
(1848-1909)

* *Une* étude *est une pièce instrumentale qui permet de travailler un aspect particulier de la technique d'un instrument.*

CHAPITRE 3

ACCORDS PRIMAIRES DE TROIS SONS À L'ÉTAT FONDAMENTAL

On peut former **un accord de trois sons à l'état fondamental** sur chaque degré d'une gamme quelle que soit la note de cette gamme. L'accord de trois sons est écrit soit sur trois lignes, soit dans trois interlignes.

LES ACCORDS PRIMAIRES DE TROIS SONS

Les **accords primaires** d'une tonalité sont formés sur les degrés les plus importants de cette tonalité : **I (Tonique), IV (Sous-Dominante)** et **V (Dominante)**. Ces degrés sont appelés notes tonales.

Les accords primaires de trois sons dans la tonalité de Do Majeur :

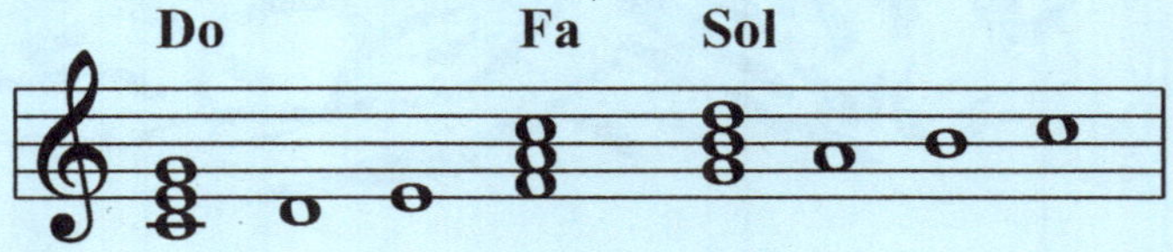

Moment de détente

Accords à l'état fondamental

À l'aise

Phillip Keveren

Solo du professeur (jouez une octave plus haut.) 29/30

À l'aise (♩=130)

LE RENVERSEMENT

On peut renverser un accord qui est à l'état fondamental, c'est-à-dire disposer les notes constitutives de cet accord de différentes façons.

L'accord **Sol7** contient la note Fa, septième degré à partir du Sol (note fondamentale de l'accord).

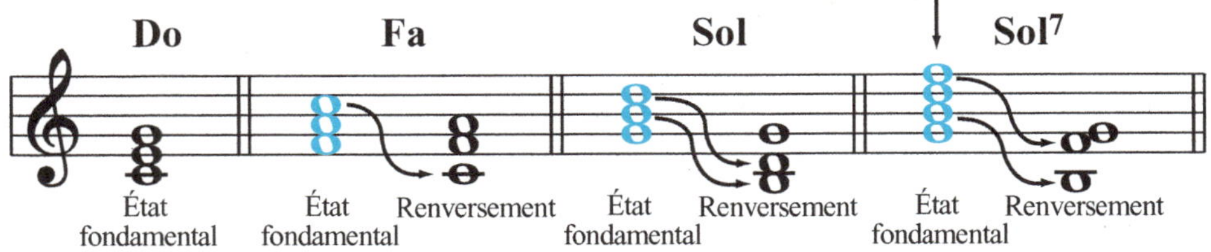

À peu de choses près

Renversement d'accords

Fluide

Phillip Keveren

Solo du professeur (l'élève joue deux octaves plus haut.) 31/32

Ma chanson

Improvisation sur des accords de trois sons dans la *tonalité de Do Majeur* 33

Tandis que ton professeur joue ta partie dans la chanson *À peu de choses près,* improvise une nouvelle mélodie dans la tonalité de **Do Majeur.**

L'OCTAVE

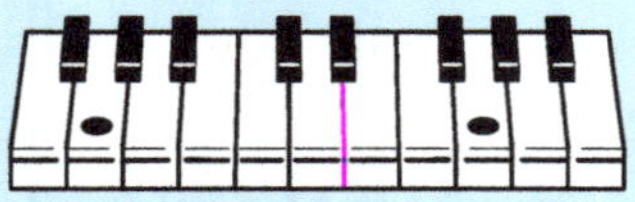

Si tu veux jouer une octave sur le clavier, il te faudra :

- passer de la touche choisie à celle située sept touches plus loin.
- passer du Do au Do, du Ré au Ré, etc.

Sur la portée, on obtient une octave en sautant six notes. L'octave se situe sur une ligne si l'on part d'un interligne et dans un interligne si l'on part d'une ligne. Les deux notes formant une octave portent le même nom.

La puce

Allegro *giocoso (♩=165) 34/35

Kreader, Kern, Keveren

* giocoso *signifie joyeux*

Le signe **C** est une autre façon d'indiquer une mesure à $\frac{4}{4}$.

La course de relais

Allegro (♩=155) 36/37

Carl Czerny
(1791-1857)

Les accords primaires de trois sons dans la tonalité de La Mineur :

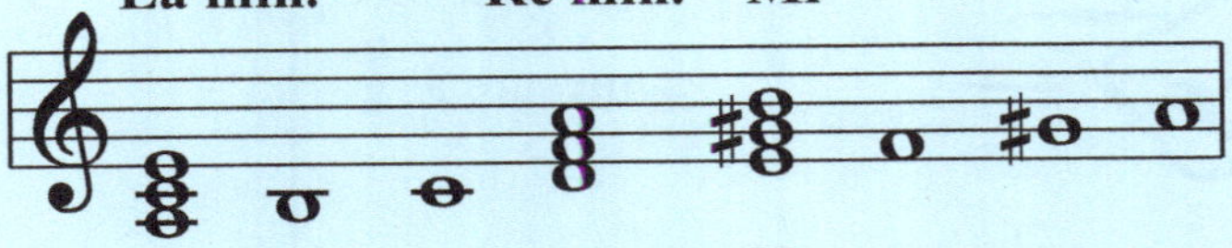

Avant de jouer le *Tango en La mineur*, travaille les accords à l'état fondamental et leurs renversements.

L'accord **Mi7** contient la note Ré, septième degré à partir du Mi (note fondamentale de l'accord).

Tango en La mineur

Moderato

Phillip Keveren

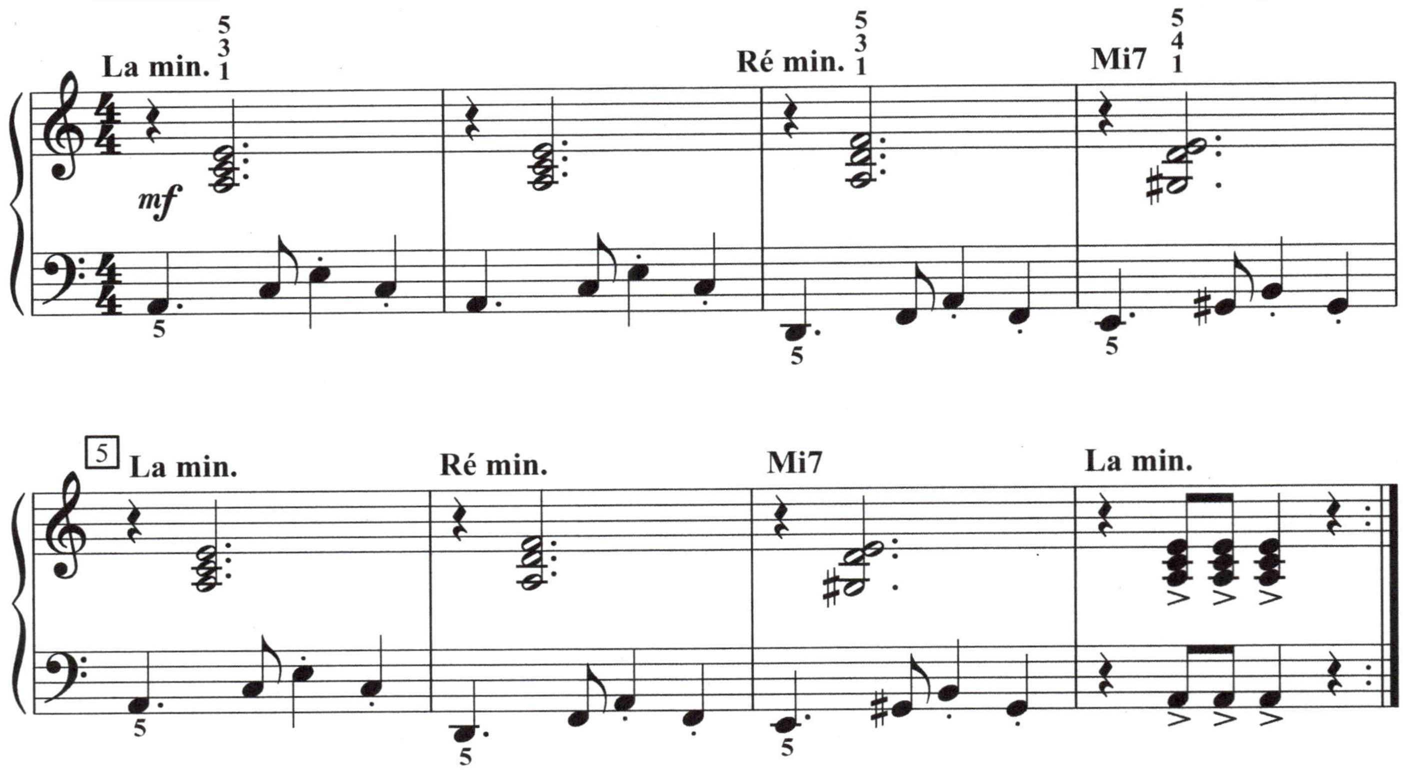

Solo du professeur

Moderato (♩=120) 38/39

Ma chanson

Improvisation sur des accords de trois sons dans la *tonalité de La mineur* 40

Tandis que ton professeur joue ta partie dans le *Tango en La mineur*, improvise une nouvelle mélodie dans la tonalité de **La mineur**.

Les superbes chevaux

Lentement (♩=94) 41/42

Mélodie américaine
Arrangé par Fred Kern

Joshua Fit The Battle Of Jericho

Thème et variations

CHANGEMENT DE CHIFFRAGE DE MESURE

Cette pièce change de chiffrage de mesure pour le thème et les deux variations. Chaque chiffrage de mesure correspond à un style musical bien précis :

4/4 pour le gospel

3/4 pour le style classique

4/4 pour le jazz

***Thème :* Gospel**
Allegro (♩=170) 43/44

Phillip Keveren

***Variation I :* Classique**
Fluide et léger (♩=185) *La 1ère fois, les deux mains 8va*

Variation II : **Swing**(♫ = ♩♪ triplet)
Mouvement de Jazz léger (♩=150)

CHAPITRE 4

La gamme de Sol Majeur

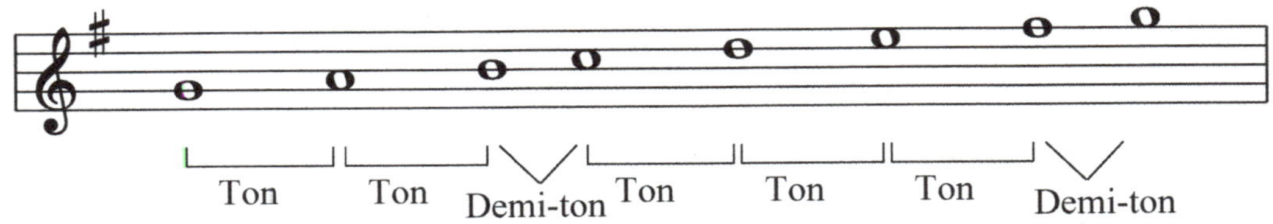

Monter et descendre

Tonalité : Sol Majeur
Armure : *1 dièse (Fa dièse)*

Accompagnement (l'élève joue une octave plus haut.) 45/46

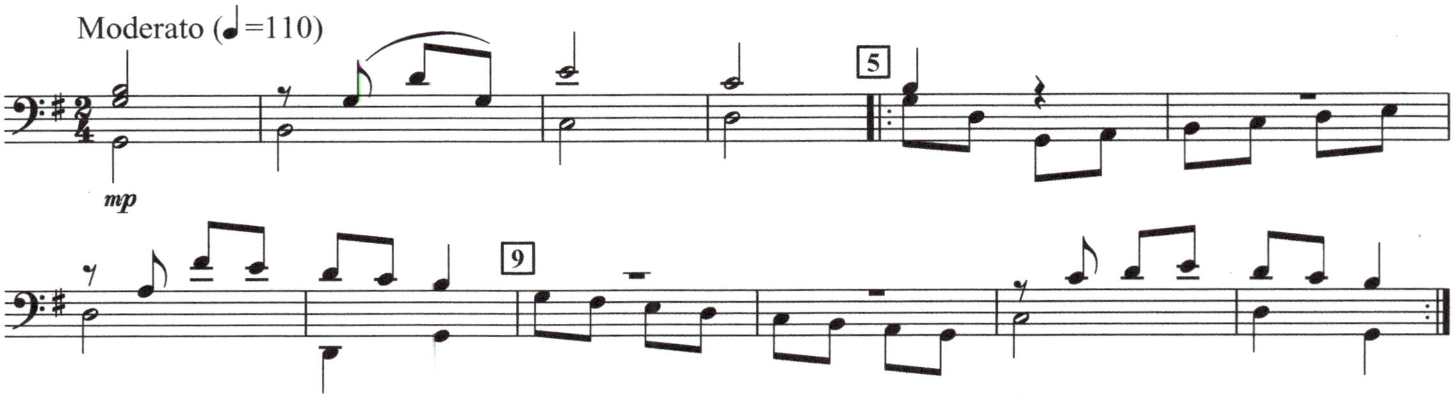

Danse espagnole

Tonalité : Sol Majeur
Armure : ____________

Muzio Clementi
(1752-1832)
Arrangé par Fred Kern

47/48

Vivace* (♩=180)

* Vivace *signifie vif.*

LE "C BARRÉ" (*ALLA BREVE*)

C barré (2 / blanche) = Il y a deux temps par mesure
= La blanche est l'unité de temps

C Le "C" sert à désigner une mesure à 4 temps.

C barré Le "**C barré**" sert à désigner une mesure à 2 temps.

Frappe le rythme et compte les temps :

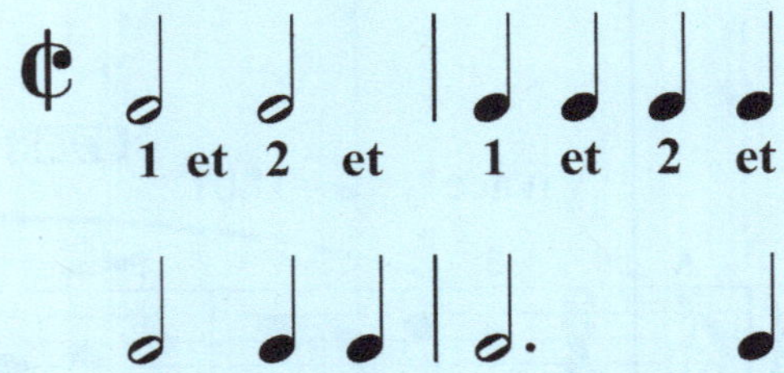

Chantons le Blues

Lentement (blanche = 60) 49/50

Bill Boyd

13
16
19
22
rit.

LE TRIOLET

La valeur d'un **triolet de croches** correspond à la valeur d'une noire.

Le Blues du comte Leconte

Allant (♩=120) 51/52

Bruce Berr

Frappe le rythme et compte les temps :

Doo Wop Ditty

Joyeux, sans se presser (♩=65) 53/54

Phillip Keveren

La gamme de Mi mineur

Mineur naturel

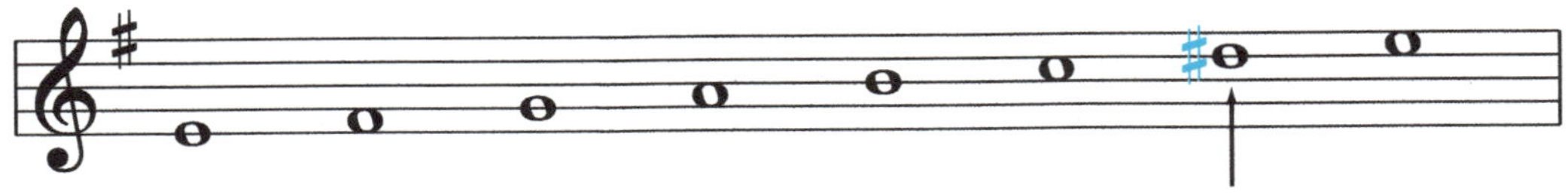

Dans la **gamme mineure harmonique**, le septième degré est haussé d'un demi-ton (Ré dièse).

Monter et descendre

Tonalité : Mi mineur

Armure : *1 dièse (Fa dièse)*

Dans un premier temps, travaille la **gamme mineure naturelle** avec le Fa dièse.
À la reprise, joue la **gamme mineure harmonique** avec le 7ème degré haussé d'un demi-ton (Ré dièse).

Moderato

Accompagnement (l'élève joue une octave plus haut.) 55/56

Dans un premier temps, jouez le morceau avec le Fa dièse.
À la reprise, jouez le morceau avec le 7ème degré haussé d'un demi-ton (Ré dièse).

Moderato (♩=110)

Frappe le rythme et compte les temps :

Sur la route

Tonalité : Mi mineur
Armure : ______________

Adagio (♩=74) 57/58

Fred Kern

CHAPITRE 5

Les accords primaires de trois sons dans la tonalité de **Sol Majeur** :

Avant de jouer le morceau *Let's Rock!*, travaille ces accords ainsi que leurs renversements.

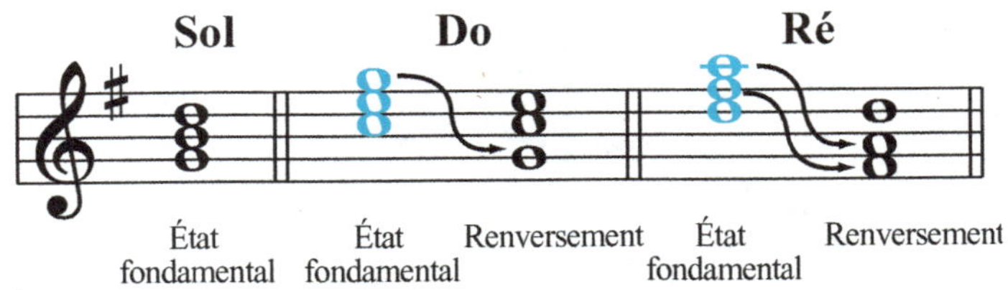

Let's Rock!

Rock

Phillip Keveren

Solo du professeur (l'élève joue une octave plus bas.) 59/60

Rock (♩=120)

L'accord **Ré7** contient la note Do, septième degré à partir du Ré (note fondamentale de l'accord).

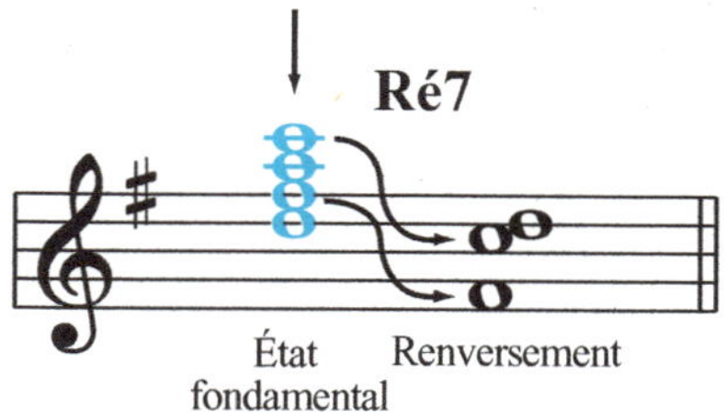

La basse

Moderato (♩=100) 61/62

Ludwig Schytte (1848-1909)

Les accords primaires de trois sons dans la tonalité de **Mi mineur** :

Avant d'interpréter le morceau *Partir à l'aventure*, travaille les accords à l'état fondamental et leurs renversements.

L'accord **Si7** contient la note L septième degré à partir du Si (no fondamentale de l'accord).

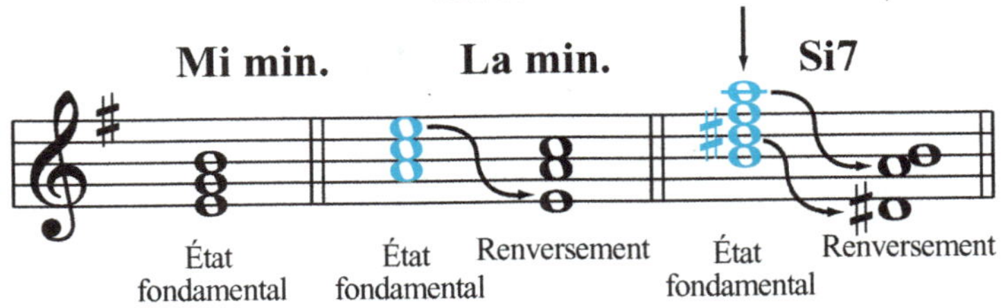

Partir à l'aventure

Avec prudence

Phillip Keveren

Solo du professeur

Avec prudence (♩=135)

63/64

Ma chanson **Improvisation avec des accords de trois sons dans *la tonalité de Mi mineur.***

65

Tandis que ton professeur joue ta partie dans le morceau *Partir à l'aventure*, improvise une nouvelle mélodie dans la tonalité de **Mi mineur**.

LE DÉPLACEMENT DE LA MAIN
(LA SUBSTITUTION)
Pour jouer certaines phrases musicales legato et avec fluidité, les cinq doigts ne peuvent pas rester dans une seule et même position. Il va donc falloir remplacer un doigt par un autre pour pouvoir continuer de jouer. Profite de la note répétée pour remplacer le doigt qui tient cette touche par un autre.

Nuit étoilée

Andante (♩=98) 66/67

Italo Taranta

* Diminuendo *(dim.) ou decrescendo (>) indique qu'il faut progressivement diminuer le son.*

* *Le terme italien* poco *signifie "un peu".*

TENUTO

Le signe **tenuto** (une petite ligne courte, placée au-dessus ou en dessous d'une note indique que la durée intégrale de la valeur de la note doit être respectée.

Rhapsodie

Allegro (♩=180) 68/69

Jennifer Linn

* Ritardando *signifie qu'il faut progressivement ralentir le tempo.*

Mélancolie

Adagio con moto* (♩. =35) 70/71

Barbara Kreader

* Con moto *signifie "avec mouvement" (sous-entendu rapide).*

Presto

George A. Benda
(1722-1795)
Arrangé par Fred Kern

Presto* (♩=170) 72/73

* *Le terme* Presto *indique un mouvement très rapide.*

Allegro

extrait d'*Une petite musique de nuit*

Wolfgang A. Mozart
(1756-1791)
Arrangé par Fred Kern

Allegro (𝅗𝅥=120) 74/75

21
p
27
mf
33
f
37
42